ANTONIO ELSTER

AF288393

SO WERDEN SIE ERFOLGREICH:

DIE GRUNDREGELN DES ERFOLGS

Sie können es schaffen.

Antonio Elster: Die Grundregeln des Erfolgs

© 2010 Antonio Elster. Alle Rechte vorbehalten. Erste deutsche Auflage. Titelbild/Einbandgestaltung Antonio Elster. Herstellung und Verlag BOD GmbH, Norderstedt. ISBN 978-3-8391-2049-1 Printed in Germany 2010

Liebe Leserinnen und Leser,

wer hat sich nicht schon einmal gefragt, warum manche Menschen erfolgreich in ihrem Leben sind, viele andere hingegen nicht ? In diesem Anwendungs-Ratgeber erhalten Sie auf diese Frage die Antwort, und zwar in einer Form die es Ihnen ermöglicht, die Erkenntnisse selbst für Ihr eigenes Leben anzuwenden. Und das wird sich, falls Sie es tun, sehr für Sie auszahlen. Nicht nur in der Form eines höheren Einkommens, sondern auch – manche sagen, vor allem – in Form von mehr Lebensglück und –zufriedenheit.

Doch zunächst einmal: Was ist unter „Erfolg" eigentlich genau zu verstehen ? Über die Antwort gehen die Meinungen etwas auseinander, doch in vielen Fällen paßt die folgende Definition recht gut:

Erfolg ist:

1. **Das Erreichen (!)**
2. **selbstgestellter (!) Ziele**
3. **von überdurchschnittlichem (!) Niveau**
4. **durch eigene (!) Leistung.**

Alle Punkte, 1 bis 4, müssen gemeinsam erfüllt sein, damit der Initiator eines Vorhabens als erfolgreich gelten darf. Dabei sind die Wortbedeutungen eindeutig: „Erreichen" bedeutet nicht „versuchen", „selbstgestellt" bedeutet nicht „fremdbestimmt", „überdurchschnittlich" bedeutet nicht „wie alle" und „eigene Leistung" bedeutet nicht „von selbst oder durch andere". Ein großes Erbe, oder ein unverhoffter Lottogewinn macht demnach also keinen erfolgreichen Menschen – weil der Zugewinn an persönlichem Vermögen (..falls dies als Erfolg definiert wird) keine eigene Leistung erforderte.

Derjenige Mensch hingegen, der einen selbstgewählten Traumpartner für sich und sein Leben gewinnen konnte, gilt nach obiger Definition sehr wohl als erfolgreich: Alle vier Punkte wurden erfüllt.

Schon an diesen zwei kleinen Beispielen ist leicht zu erkennen, daß Erfolg eben nicht einfach in Geld gemessen werden kann. Jeder Mensch kann nur sich selbst beantworten, was ihm als persönlicher Erfolg gilt. Weil Erfolg eben nicht lediglich in Euro oder Dollar gemessen wird, kann (und: sollte) er im Leben viel mehr bedeuten, etwa:

- eine erfüllende Partnerschaft/Familie
- eine angesehene berufliche Tätigkeit
- kreative Geistesleistungen
- körperliche Hochleistungen
- anerkannte Hilfestellung für andere Menschen

Also allgemein formuliert: Eine in sich geschlossene, im wahrsten Sinn des Wortes zufriedenstellende Lebensführung, die sich auf positive Weise vom Durchschnitt abhebt. Und obwohl klar ist, daß jeder Einzelne seine persönliche Zufriedenheit recht unter-schiedlich definiert, so ist doch der Weg dorthin interessanterweise in aller Welt ähnlich. Es steht zu vermuten, daß alle Menschen trotz ihrer Herkunft aus unterschiedlichsten Kulturkreisen einer ähnlichen Psychologie folgen.

Damit ist „Erfolg" allgemein definiert. Damit stellt sich die Frage nach den grundsätzlichen Erfolgs-Wahrscheinlichkeit für den Einzelnen: Können „alle" erfolgreich sein ? Können in einer absoluten Gruppe von 100 Menschen, sagen wir abgeschieden auf einer Insel lebend, alle 100 erfolgreich sein ? Nein, das geht natürlich nicht. Zwar könnte man definieren, daß alle überlebten und somit erfolgreich waren. Aber Erfolg war oben definiert als „überdurchschnittlich". Wenn aber alle überlebten, dann ist „überleben" nur genau der Durchschnitt. Das Attribut „überlebt" ist also in diesem Fall als Erfolgsmesser nicht zulässig.

Genau wie an der Börse nur ein kleiner Anteil der Investoren zu den Gewinnern gehört, genau wie von den vielen Bewerbern um eine bestimmte Arbeitsstelle nur ein einziger sie schließlich erhalten wird, und genau wie es unter unseren 100 Inselbewohnern nur einen Häuptling und vielleicht 2 oder 3 „Offiziere" geben kann, genau so kann nicht jeder Mensch erfolgreich sein im allgemeinen Sinn: Erfolg ist etwas Rares. Mißerfolg, oder besser, das Verharren im Durchschnitt, das ist der Normalzustand.

Erkennen Sie, daß auch Sie „abgeschieden" auf einer Insel leben ? Etwa als Angestellter einer Firma mit einer absoluten Zahl an Angestellten. Oder als Einwohner eines Ortes mit einer absoluten Einwohnerzahl. Oder als Einzelhändler Ihres Landkreises mit einer begrenzten Anzahl von Einzelhändlern ?

Aus dieser einfachen Erkenntnis folgt, daß der Weg zu Ihrem persönlichen Erfolg nur über „Anders sein. Anders machen." (als der Durchschnitt) führen kann. Dabei kann „anders" natürlich nur „besser", und darf niemals „schlechter" bedeuten, falls Erfolg Ihr erklärtes Ziel ist. „Anders, und dabei besser als Andere" muß also das Credo lauten. Was nun „besser" bedeutet, das hängt von Ihrem gewählten Ziel ab: Ob schneller, billiger, sauberer, zuverlässiger, häufiger, seltener, größer, kleiner, freundlicher, schöner, wertvoller – diese Attribute werden von der Nachfrage des von Ihnen gewählten Marktes bestimmt, auf dem Sie erfolgreich tätig sein wollen. Dabei ist unter „Markt" keineswegs nur der Supermarkt oder die Börse zu verstehen. Jede Zusammenkunft von Angebot und Nachfrage ist ein Markt – auch die Diskothek.

Die Grundvoraussetzung

Sie wollen also etwas für sich zun. Das ist gut. Denn die weltweit gültige Grundvoraussetzung für Erfolg ist denn auch einfach zu benennen: Aktive Menschen werden über kurz oder lang zu Gewinnern, passive Menschen dagegen bleiben erfolglos. Ausnahmen dieser vereinfachten Daumenregel existieren zwar, doch meist gilt:

Erfolg erfordert:

Nicht warten. Nicht hoffen. Nicht träumen.
Sondern etwas tun! Jeeetzt!

Vor dem Fernseher sitzen, lange Zeiten im Bett verbringen, in der Kneipe oder Diskothek die Zeit totschlagen, aber auch auf einen Anruf warten anstatt ihn selbst durchzuführen, das alles ist genaues Gegenteil der obigen Erfolgs-Grundregel.

Der Wartende, der Hoffende, und auch der Vertröstete – also: der sich von fremden Personen, oder von scheinbaren Vorgaben, oder von der natürlichen Trägheit bestimmen lassende Mensch – wird kaum jemals etwas Nennenswertes erreichen. Um erfolgreich zu sein, muß zum Gegenteil gelangt werden: Persönliche Ziele müssen festgelegt werden, und sobald diese Ziele feststehen, muß alles in der eigenen Macht stehende – manchmal vielleicht sogar noch ein wenig mehr – unternommen werden, um diese Ziele zu erreichen. Dabei sollte die Macht des eigenen Willens und der eigenen Gedanken nicht unterschätzt werden. Nicht von ungefähr heißt es: „Der Glaube kann Berge versetzen." Damit soll keineswegs der Hypnose das Wort geredet werden. Es geht vielmehr um die Tatsache, daß intensive innere (gedankliche) Beschäftigung *mit Situationen, die durch eigenes Verhalten beeinflußbar sind*[1], zu realen, äußeren Ergebnissen führen kann. Weil dem unbestritten so ist, deswegen sollte für Sie ab sofort gelten: Über Erfolg nachdenken, nicht über Mißerfolg grübeln!

Denn die Wirkungen auf die Außenwelt sind teilweise sehr subtil: So ist beispielsweise Ihre innere Verfassung auf dem Gesicht abzulesen – sogar dann, wenn Sie es zu verhindern versuchen – was bereits zu Reaktionen beim Gegenüber führen kann. Das Wissen um solche Tatsachen hilft, Ihr Schiff auf den Kurs zu bringen, den Sie sich wünschen, während Unwissende sich häufig wundern, warum trotz bester Absichten einfach nichts gelingen will.

Erst nachdem diese grundlegende Einsicht der „zwingenden Aktivitätserfordernis" fest in Ihrem eigenen Bewußtsein verankert ist, können Entscheidungen über das Was, Wie und Wann des eigenen Tuns erfolgen. Und dieses „Tun" muß sich vorteilhaft unterscheiden vom überall vorhandenen Durchschnitt in Hinsicht auf Effektivität, Qualität und Flexibilität: Um eine Nachricht zu übermitteln oder eine Information zu erlangen, besteht beispielsweise die Wahl zwischen Briefpost und Telefax[2]. Benutzer des Postdienstes unterwerfen sich dem Zeitplan, der Geschwindigkeit und auch der Zu- oder Unzuverlässigkeit dritter Personen. Durch den Griff zum Telefax (..on) dagegen

---

[1] ...zum Lottogewinn können Sie es durch „richtiges" Denken also nicht bringen, da es sich bei der Ziehung nicht um eine von Ihnen beeinflußbare Situation handelt.

[2] Falls Sie einwenden möchten, daß heutzutage Email statt Fax aktuell sei, so bedenken Sie bitte: Sie wollten es doch anders machen als andere. Wenn alle Welt emailt. . .
Außerdem: Ein ordentlicher Briefkopf und der Eindruck einer Mindest-Seriosität läßt sich mit einem Telefax besser erreichen als mit einer Email.

wird das Heft selbst in die Hand genommen und teure Lebenszeit besser genutzt.

Das gleiche Prinzip gilt, wenn auch von manchen nicht gern gehört, für den Selbsttransport. Bahn- und Busreisende unterwerfen sich, neben anderen Nachteilen, von fremden Personen vorgeschriebenen, starren und beschränkten Fahrplänen. Aber weshalb sollte man sich von völlig Unbekannten befehlen lassen, um 7.11 Uhr sein Haus zu verlassen ? Und an einer kalten und nassen Haltestelle wertvolle Lebenszeit zu vergeuden ? Und nicht nach eigenem Bedarf anhalten oder anders fahren zu können ?

Selbstfahrer dagegen verfügen autark über ihre Zeit, sie sind bei ehrlicher Rechnung nahezu immer schneller am Ziel und können obendrein flexibel reagieren. Etwa, einen Zwischenstopp für notwendige Erledigungen einlegen.

Addieren Sie einmal selbst: Wie viele erfolgreiche Menschen – gleich ob Manager, Künstler oder Chefarzt – fahren regelmäßig Bahn und Bus ? Und wie viele nicht ? Wie groß ist das Verhältnis aus diesen beiden Antworten ? Antworten Sie sich ehrlich, und vergessen Sie die Antwort nicht mehr.

Ehe mancher Leser nun vielleicht zum Widerspruch ansetzt sei darauf hingewiesen: Im vorliegenden Text geht es um erfolgreiche Menschen und um solche, die es werden wollen. Es geht hier weder um politische Verfahren zur Massensteuerung noch um das bizarre psychologische Phänomen der freiwilligen Anpassung zum eigenen Nachteil: Hier interessiert nicht, was Lemminge tun und warum sie es tun.

Die Prime Directive

Die Prime Directive des persönlichen Erfolges lautet:

1. Selbstmotivation
2. Selbstbewußtsein
3. Selbstbestimmung

Bestimmt ist Ihnen aufgefallen, daß jeder dieser Begriffe mit „Selbst" beginnt. Eine fundamentale Feststellung, die auf immer gespeichert werden sollte: Nur Sie selbst sind Kapitän, Navigator, Lademeister und Matrose, alles gleichzeitig, in diesem „Lebensspiel des richtigen Kurses", in dem zwar jeder alles will, aber nur wenige wirklich etwas erreichen. Weil sie warten und hoffen, daß Andere ihre Aufgaben erledigen. Aber niemand wird etwas für Sie tun. Niemand außer Sie selbst.

Wie auch immer Sie Ihren Erfolg definieren – ob Sie es schaffen, das liegt nur an Ihnen selbst. Bitte glauben Sie es: Andere Menschen werden, garantiert, nicht dafür sorgen, daß Sie sich erfolgreich nennen können. Nicht einmal die wohlmeinenden der eigenen Familie. Denn die finanzielle Hilfe der Mama beispielsweise ist oftmals, leider, nur eine Scheinhilfe. In Wahrheit werden Sie dadurch abgehalten zu lernen, sich durchzukämpfen, den Kreditmarkt kennenzulernen, Konditionen zu vergleichen und einen Selektionsprozeß des „für Sie besten" durchzuführen. Auch haben Sie keine oder nur geringe Konsequenzen zu fürchten. So wird das nichts. Und selbst wenn der sehr unwahrscheinliche Fall, nämlich daß Dritte Ihnen tatsächlich und wirklich helfen, doch einmal eintreten sollte: Nach unserer Definition von Erfolg auf Seite 4 gälten Sie dann dennoch nicht als erfolgreich, weil Sie es nicht selbst geschafft haben.

So bleibt noch die Frage nach dem „Wozu". Weshalb sollte man überhaupt erfolgreich sein wollen, weshalb sollte Erfolg überhaupt angestrebt werden ? Über die Antwort auf diese Frage haben zahlreiche Philosophen über die Jahrtausende, und Psychologen über zumindest ein Jahrhundert, viel sinniert. Altruistische Ziele wie „..ich möchte der Menschheit einen guten Dienst erweisen und erwarte selbst gar nichts dafür.." werden immer wieder genannt und hochgestellt. Das mag in manchen Fällen tatsächlich der Hauptgrund sein.

In einer etwas abgeschwächten Variante wird die persönliche Integrität als Begründung für das Streben nach Erfolg bemüht: „Ich möchte ein sinnvolles Leben leben. Ich möchte nicht ergebnislos und getrieben dahinvegetieren, bis mich der Tod ereilt. Meine Existenz auf diesem Planeten soll einen kleinen Beitrag zur Verbesserung leisten." Auch diese Sichtweise, wenn sie ehrlich gemeint ist, kann nur als höchst ehrenhaft bezeichnet werden.

Allerdings gehen beide Standpunkte nicht selten mit einem großen Nachteil für alle anderen Menschen einher: Nicht selten nämlich glauben sich diese „Weltverbesserer" im Besitz der absoluten Wahrheit und Moral. Und entscheiden demzufolge selbstherrlich, arrogant und ohne zu fragen, was gut für Andere zu sein hat. Damit jedoch zwingen sie per Definition (des Erfolgs) alle anderen, die auf Sie „hören", erfolglose Menschen zu sein!

Neben diesen beiden Gruppen sind die meisten Menschen aber keine Heiligen, in diesem Fall zum Glück, und so lassen sich die individuellen Ziele beim Streben nach Erfolg häufig auf wenige, sehr menschliche Verlangen reduzieren:

- Finanziell unabhängig sein
- Einen lieben, schönen, reichen Partner (Familie) haben
- Macht ausüben
- Ansehen und Bewunderung genießen
- Echte, loyale Freunde haben

- Frei sein, das eigene Leben wirklich selbst und individuell bestimmen.

Träume von der Villa am Meer samt Ferrari und Fotomodell sind dann lediglich die Formulierung der obigen Grundsätzlichkeiten in die Wunschrealität. Um eines oder mehrere dieser Ziele selbst erreichen zu können, erfahren Sie auf den folgenden Seiten eine ganze Reihe von Merksätzen. So kann Ihr Weg zum persönlichen Erfolg tatsächlich sofort nach Buchende beginnen. Die Merksätze sind in zwei Gruppen eingeteilt:

Kapitel 1 mit dem Titel „Die 12 Grundregeln jeden Erfolgs" enthält die Grundregeln für den erfolgversprechenden Umgang mit dritten Personen und Sachverhalten.

Kapitel 2 mit dem Titel „Die Mentalität erfolgreicher Menschen" beschreibt Persönlichkeitseigenschaften erfolgreicher Personen, an denen sich jeder von uns dann und wann ein Beispiel nehmen kann.

In Kapitel 3 finden Sie Beispiele zum „Anders sein, anders machen" aus dem wirklichen Leben. Von den Inhalten haben Sie möglicherweise noch nie gehört; sie werden Sie deshalb vielleicht sehr verblüffen, oder gar ungläubig staunen lassen. Dennoch sind sie wahr. Erkennen Sie daran, wie Sie tagtäglich manipuliert werden, um zu funktionieren, zu bezahlen, gehorsam zu sein ?

In den Einzeltexten werden Sie vielleicht zwei Besonderheiten feststellen. Zum einen finden Sie häufig Beispiele aus der Wirtschaft. Das liegt daran, daß sich viele Menschen diese Beispiele gut vorstellen können. Es bedeutet jedoch keinesfalls, daß die Erfolgsregeln nur für den wirtschaftlichen Erfolg gelten. Sie werden beispielsweise lesen, daß Sie Dinge anders machen müssen als andere, unterlegt mit dem Beispiel eines Menschen, der ein Fahrradgeschäft in einer Stadt mit bereits 5 Fahrradgeschäften gründen will. Statt dessen soll er besser ein Mofageschäft gründen. Dieses Prinzip gilt aber selbstverständlich für alle Lebensbereiche mit der Prämisse „Erfolg": Ein Maler, der noch keinen

Erfolg hat, ihn aber anstrebt, der muß anders oder anderes malen. Ein Koch muß anderes oder anders kochen als bisher. Oder sogar: Der Koch muß malen und der Maler muß kochen, um seine Chance, die Erfolgsleiter emporzusteigen, zu vergrößern. Basis dafür ist stets die Fähigkeit, frei und kritisch denken zu können (und zu wollen).

Zum anderen wurde in den Einzeltexten manchmal im Imperativ formuliert, also etwa „. . .Sie müssen. . .“ oder ähnlich. Bitte sehen Sie mir dies nach. Selbstverständlich müssen Sie überhaupt nichts, und es wird auch nichts von Ihnen verlangt. Ziel dieses Buches ist lediglich zu vermitteln, daß Sie durchaus die Möglichkeit haben, etwas mehr von sich selbst zu verlangen. Ob Sie diese Möglichkeit wahrnehmen, das entscheiden nur Sie selbst. Denn nur dann, wenn Sie die richtigen Entscheidungen im Leben treffen, können Sie so leben, wie Sie es schon immer wollten. Leben Sie anders, nämlich so, wie Sie es nicht möchten, dann haben Sie zu irgendeinem Zeitpunkt die falschen Entscheidungen getroffen. Dies können Sie nach Abschluß dieses Buches ändern oder eben nicht – wieder eine Entscheidung, die entweder richtig oder falsch sein wird.

Ihre Entscheidungen wirken sich ständig aus: Nur sie bestimmen, ob Sie sich bevormunden, ablenken, oder eben helfen und helfen lassen. Sie bestimmen, wie Sie Ihr Leben verwenden. Und das sollten Sie. Denn es ist Ihres, und Sie haben nur genau: Eines. Morgen schon ist der heutige Tag unwiderruflich und für immer vorbei. Er kommt nie wieder. Und diese verlorene Zeit erhalten Sie von niemandem jemals zurück.

Nun wünsche ich Ihnen viele positive Effekte aus diesem Ratgeber und Alles Gute für Sie und Ihre Vorhaben,

Ihr Antonio Elster

Die 12 Grundregeln
jeden Erfolgs

1. Erfolg ist: Sie selbst. Nur Sie selbst!

Die erste und wichtigste Voraussetzung, die Erfolg jeder Art überhaupt erst möglich macht – im Unterschied zum unbestimmten und unzuverlässigen „Glück haben" – das sind Sie selbst. Nur Sie können Dinge für sich in die Hand nehmen, und nur Sie können sie verantworten. Nur Sie können Verantwortung für Ihr Tun übernehmen – und noch wichtiger, für Ihr Nichtstun!

Sie dürfen, niemals, sagen: „So ein Pech." Es gibt kein „Glück", und es gibt ebenso kein „Pech". Genau wie gesagt wird, daß es kein schlechtes Wetter gibt, sondern nur falsche Kleidung, genauso gibt es kein „Pech", sondern nur mangelnde Voraussicht und mangelnde Vorbereitung – und für diese Mängel sind Sie verantwortlich. Es folgt unmittelbar: Andere sind NIE schuld.

Falls Sie tatsächlich manchmal, denken „. . .so ein Pech. . .", „. . .das hätte er/sie mir ja sagen müssen. . .", „. . .das habe ich nicht gewußt. . .", „. . .das kann ja kein Mensch wissen. . .", „. . .das gehört verboten. . ." und alle ähnlichen Gedanken, dann sollten Sie diese sofort vergessen, falls Sie jemals erfolgreich werden wollen. Oder noch besser: Sich diese Gedanken erst gar nicht gestatten. Nichts ist schädlicher und destruktiver als die Ansicht „Wieso passiert nur immer mir sowas".

Genau im Gegenteil muß für Sie ab sofort, grundsätzlich, und immer gelten: Nur Sie selbst sind schuld! Ob am „Glück" oder am „Unglück", DAS bestimmen Sie selbst.

2. Erfolg ist: Etwas tun!

Keine gute Idee ist es, grundsätzlich nicht, darauf zu warten, daß etwas geschieht oder daß Andere etwas für Sie erledigen. Aktivität geht immer vor Passivität. So heißt es denn auch „Unternehmer", und nicht „Abwarter"! Worauf also warten? Eigene Aktivitäten sind angesagt: Nur Sie selbst können:

1. sich ein Ziel suchen,

2. den Weg zum Ziel planen,

3. die Schritte dorthin aktiv umsetzen,

4. unterwegs Teilergebnisse checken

5. und bei unbefriedigendem Ergebnis die Strategie ändern.

Bitte beachten Sie: Hier steht nicht „Alles hinwerfen, wenn es einmal nicht klappt." Klappen wird es ohnehin nur selten genau wie geplant. Doch aufgeben? Das ist keine Option. Hinfallen – ja, das kommt vor. Doch liegenbleiben? Niemals!

Daß Sie für diese Mentalität gute Anlagen besitzen, das haben Sie sich bereits selbst bewiesen, indem Sie sich gerade zielstrebig Know-How anlesen. Falls Sie nicht zu den Menschen gehören, die ein Buch nach dem Lesen ins Regal stellen und vergessen, dann haben Sie die wichtigste und schwierigste Etappe zu Ihrem Ziel – die, an der viele Menschen scheitern – bereits geschafft: Sie ziehen Ihren Kurs konsequent durch, weil das die einzige Alternative zum Nichtstun ist.

3. Wer keine Ziele hat, kann keine erreichen

Ziele selbst definieren und sie anschließend konsequent in einer Weise zu verfolgen, die das Erreichen wahrscheinlich macht – das sind typische Management-Aufgaben.

Wie sehen Ihre Ziele als Manager Ihres Lebens also aus? Da müssen Sie erst nachdenken ? Leider – falsche Antwort ! Wie soll denn irgend etwas erreicht werden, wenn es nicht gewollt und präsent ist ? Sie müssen sich Ziele setzen, diese dürfen nicht zu klein sein, und sie müssen dauerpräsent in Ihrem Kopf sein. „Think and plan. Then: Think and plan bigger!" lautet das richtige Motto. Denn nach Art des physikalischen Wirkungsgrades geht in der Regel ein Teil der aufgewandten Energie ungenutzt verloren. Ein Naturgesetz, das auch über menschliche Vorhaben zu regieren scheint. Sogar Planzahlen von großen Industriekonzernen mit vielen klugen Fachleuten sind oft zu optimistisch. Aber das könnte auch Absicht sein: Denn wer 50 Prozent möchte, der muß 100 Prozent anstreben.

Setzen Sie sich daher große (vernünftige) Ziele, und freuen Sie sich, wenn Sie einen Teil davon erreichen. Also nicht etwa: „Ich möchte pro Jahr 20 gebrauchte Fahrräder überholen und verkaufen", sondern „Ich möchte das beste Gebrauchtfahrradgeschäft im Umkreis von 50 Kilometern besitzen" oder noch besser „Wenn ich nach 2 Jahren genügend Gebrauchtfahrradgeschäfts-Erfahrungen gesammelt habe, dann gründe ich eine bundesweite Kette dieser Geschäfte".

Übrigens beginnt die Strategie der Zielsetzung schon im ganz kleinen: „Dieses oder jenes muß bis heute abend erledigt sein" ist die Grundlage jeder großen Zielsetzung.

4. Das Ziel muß wirklich gewollt sein

Alle Entscheidungen im Leben haben Konsequenzen. Drohen keine Konsequenzen, dann handelte es sich nicht um wirkliche Entscheidungen. Auch Ihre Entscheidung, ab sofort dieses oder jenes Ziel im eigenen Leben zu erreichen (Bitte beachten Sie: Hier steht nicht „..das Ziel *versuchen* zu erreichen..") muß demnach Konsequenzen haben. Und genau so ist es auch: Einfach daherreden, ich mache jetzt dies oder das – zählt nicht! Es zählt nur, was Sie dafür tun. Und nichts anderes. Reden Sie nicht - tun Sie es!

Daraus folgt direkt, daß Sie für andere Interessen ab sofort weniger Zeit haben werden. Sind Sie bereit, diese Zeit zu opfern ? Werden Sie ab sofort nicht mehr jeden Abend um 18.00 Uhr vor dem Fernseher sitzen ? Oder um 19.00 Uhr in die Gewohnheitskneipe gehen ? Oder die falsche Zeitung lesen ? Oder stundenlang am Telefon tratschen ? Oder nur so zum Zeitvertreib im Internet surfen ? All das werden Sie beenden müssen. Oder vergessen Sie Ihren Erfolg. Es ist so einfach.

Ihr Ziel muß wirklich gewollt sein. Nicht nur kostet die zielstrebige Verfolgung Zeit. Sie kostet auch Mühe und Nerven. Möglicherweise müssen Sie von morgens bis abends pausenlos mit wildfremden Menschen telefonieren, bis Sie endlich den einen richtigen Ansprechpartner gefunden haben. Da bleibt nicht mehr so viel Zeit wie bisher für Essen, Freundin, Disco oder „Rumhängen" Das Ziel muß wirklich gewollt sein.

5. Nur tote Fische
schwimmen mit der Strömung

Die Welt ist nicht voll von Dummköpfen. Na gut – die erfolgreiche Welt ist nicht voll von Dummköpfen. Daraus folgt, daß es viele Ihrer guten Ideen und Initiativen schon gibt.

Die Idee, ein Fachgeschäft für Büroartikel zu eröffnen, falls Ihre Liebe diesen Produkten gilt, muß keine schlechte sein. Aber wird sie auch erfolgreich ? Das hängt neben zahlreichen betriebswirtschaftlichen Fragen auch davon ab, ob Sie sich vom Wettbewerb unterscheiden können in einer Form, die den potentiellen Kunden gefällt. „Nachmachen" ist üblicherweise das schlechteste Konzept, denn es bedeutet in einem gewissen Sinn, Nichts zu tun. Sie müssen aber etwas grundlegend anders (= besser !) machen als andere.

Verwandt mit obigem Punkt ist dieser: Falls Sie entdeckt haben, daß sich in Ihrer Stadt schon fünf Fahrradgeschäfte halten und sie gern ein sechstes eröffnen würden – tun Sie es nicht. Es wird mit einer gewissen Wahrscheinlichkeit nicht gut ausgehen, denn jeder Wettbewerber hat mehr Erfahrung als Sie. Weshalb sollten Sie ausgerechnet mit Ihrem Geld testen, wann der Sättigungspunkt des lokalen Fahrradmarktes erreicht ist ? Nein – die richtige Strategie lautet hier: Dieser offenbar gut mit Öko-Produkten der derzeitigen Meinungsströmung versorgte Markt benötigt das Gegenteil: Ein Anti-Öko-Geschäft. Wie wäre es mit einem Mofa- und Rollerladen ? Konkurrenzlos!

6. Nur wer es versucht, der weiss, womit durchzukommen ist

„Das klappt sowieso nicht!", „Ist das überhaupt erlaubt?", „Das wurde noch nie so gemacht!" – so und ähnlich lauten die größten Vernichtungssätze menschlicher Kreativität, die letztlich oft die Basis für Erfolg ist. Aber niemand kann alle seine Kritiker für sich gewinnen – und muß es auch nicht.

Denken Sie immer daran, daß selbst die gebildetsten Menschen der Erde keinen Markterfolg vorhersagen können. Wäre dem so, dann würde es zum Beispiel auf dem Buch- und Musikmarkt nur noch Bestseller geben. Das Gegenteil aber ist der Fall: Die weitaus meisten Produktionen der gesamten Welt – mehr als 99 Prozent! – fristen ein kleines Nischendasein. Niemand, auch nicht die größten Verlage mit ihren studierten Wissenschaftlern und Top-Managern, kennt das Bestseller-Rezept. Weshalb sollten dann ausgerechnet Ihre Bekannten und Verwandten genau wissen, wie gut oder schlecht Ihre Idee ist?

Kümmern Sie sich niemals um vorherige, grundsätzliche Kritik. Niemand, wirklich niemand auf dieser Welt weiß, was aus einer Idee alles werden kann – solange sie niemand ausgeführt hat. Lassen Sie sich also nicht abbringen, nachdem alles gut durchdacht ist und Sie immer noch überzeugt sind. Kämpfen Sie sich durch, gegen alle Widerstände. Oder glauben Sie wirklich, daß Bill Gates (Microsoft) irgendwann gefragt wurde: „Hallo Mr. Gates, dürfen wir Ihnen behilflich sein, den größten Softwarekonzern der Welt aufzubauen und dabei Milliardär zu werden?"

7. Erfolgreiche Angelköder – Für Fisches, nicht Anglers Geschmack

Erfolgreiche Angler verwenden Köder, den Fische mögen – und nicht welchen, den sie selbst gern essen. Jeder, der Regenbogenforellen mit Nutella fangen wollte – ist verhungert! Fische bissen nämlich nicht an. Und Nutella war auch irgendwann alle.

Was bedeutet das für Sie? Einfach: Sobald Sie irgend etwas von irgend jemand möchten, was nicht einfach freiwillig herausgegeben wird (einen Auftrag an Sie, einen bestimmten Preis, ein Entgegenkommen etc.) dann sollten Sie sich in diesen Jemand hineinversetzen und seine Wünsche oder Bedürfnisse irgendwie stillen – und nicht die Ihren! Ihr Partner muß also in erster Linie dazu da sein, damit Sie ihn zufriedenstellen können – und nicht, um an sein Geld oder sein Entgegenkommen zu kommen.

Gleiches gilt in zwischenmenschlichen Beziehungen: Oft ist es recht verwunderlich, welche Art von Geschenken, Mitbringseln und Aufmerksamkeiten Frauen ihren männlichen Partnern überreichen (und umgekehrt). Die meisten Männer wünschen sich, träumen von und freuen sich über pur-praktische Dinge – aus Männer´s Sicht. Praktisch im männlichen Sinn ist beispielsweise eine Funkmaus, ein Tennisschläger oder ein Satz Bohrer – aber eben nicht ein Paar Socken, nicht die obligatorische Krawatte und schon gar nicht die kleine hübsche Plastik für den Wohnzimmerschrank. Diese Dinge besitzen für ihn keinen wirklichen „Wert". Sie sollten lieber einen Satz hartverchromter Ringschlüssel mitbringen..

8. Keine Zugabe ohne Gegenzugabe

Verhandlungen finden im Alltag überall und dauernd statt, und im Geschäftsleben sowieso. Sie sind nicht auf Vertragsverhandlungen oder auf finanzielle Summen, etwa beim Gebrauchtwagenkauf, beschränkt.

Ständig kommt es zwischen Menschen mit unterschiedlichen Einzel-Zielen (eigene Produkte mit Gewinn verkaufen bzw. Fremd-Produkte so günstig als möglich einzukaufen) zum Handeln und Verhandeln. Dabei können die jeweiligen Einzelziele nur dann erreicht werden, falls ein gemeinsames Hauptziel (der Vertragsabschluß) gefunden und erreicht wird.

Das dazu erforderliche richtige Verhandeln ist weit schwieriger, als der darin unerfahrene Normalbürger denkt. Denn es geht ja keineswegs darum, seine Vorstellungen per Befehl durchzusetzen. Damit verscheuchen Sie lediglich Ihr Gegenüber auf Nimmerwiedersehen. Die Hauptaufgabe lautete allerdings, auf jeden Fall zu einem (günstigen) Abschluß zu kommen. Es wird also Fälle geben, in denen Sie als die eine Verhandlungspartei in diesem oder jenen Punkt nachgeben müssen, um ein vollständiges Scheitern zu verhindern.

Die Kunst, und auch die Notwendigkeit, besteht dabei darin, nachzugeben nur im Gegenzug für eine andere, in Ihrem Interesse liegende Zusatzzusage. Also etwa: „Na gut, Herr Müller, ich würde Ihnen wie gewünscht die Sendung persönlich am Samstag zustellen und auch das Gerät aufbauen, wenn Sie sich einverstanden erklären würden, . . .

9. Auf Kleinigkeiten achten -
vor allem auf die Kleinigkeiten

Menschen entscheiden zu einem erheblichen Teil unbewußt. Wenn die Farbe, die Größe, das Material oder andere äußere Merkmale und Umgebungen „komisch" wirken – häufig ohne daß es dem Betreffenden überhaupt bewußt ist – dann folgt der Rückzug. Sie aber möchten weder, daß sich Ihr potentieller Partner zurückzieht, noch „dürfen" Sie so wie alle anderen sein. Achten Sie daher auf Kleinigkeiten: Ein kleiner Fleck auf dem Hemd ? Umziehen! Ein Knick im Briefbogen ? Neudrucken! Ein Kratzer im Lack? Wegpolieren!

Seien Sie versichert: Die Menschen werden Ihre Aufmerksamkeit bemerken. Und es wird Ihnen Sympathie und Vertrauen einbringen – also Ihrem Ziel dienen. Auch wenn Kleinigkeiten unwichtig erscheinen – sie sind es nicht:

Der Chef eines sehr kleinen Werbepostunternehmes ließ Briefmarken per Hand auf Kuverts kleben, weil das Geld für eine Portomaschinen fehlte. Dabei maß er die Briefmarkenposition mit Schieblehre und Winkel (!) nach. Jedes Kuvert mit auch noch so gering schiefgeklebter Briefmarke durfte nicht in die Post. Heute ist er Chef eines sehr großen Werbepostunternehmens.

Feinheiten machen häufig den Unterschied. Aber das wissen Sie doch ohnehin: Denken Sie nur an Bewerbungen um Arbeitsstellen. Jeder weiß, daß Bewerbungsunterlagen mit Flecken und anderen Unsauberkeiten sofort aussortiert werden.

10. Nachher ist es selten so schlimm
wie vorher befürchtet

Gleichgültigkeit und Unsicherheit heißen diejenigen Eigenschaften, die viele Menschen hinter ihren wirklichen Möglichkeiten zurückbleiben läßt. Während ersteres häufig sehr einfach, und richtig, mit „faul" übersetzt werden kann, handelt es sich bei Unsicherheit eher um Ungewißheit mit daraus folgender Ängstlichkeit vor dem Verlust bestehender Besitztümer. Oder vor (neuen) Situationen, mit denen man nicht vorteilhaft umgehen zu können glaubt. Erlebt man aber dann diese Situation, vielleicht gezwungenermaßen, ist es häufig nicht so schlimm, wie vorher ausgemalt. „Erstmal machen – dann weitersehen" ist hier oft ein gutes Motto.

Natürlich gehört ein wenig Köpfchen dazu, sich zwar ins Eiswasser zu stürzen, aber immerhin zu wissen, daß es sich um Wasser handelt und nicht um Salzsäure. Aber dieses Mindestmaß an Grips haben Sie doch, wie schon Ihr Lesen hier beweist.

Also – bitte nicht zuviel Angst vor sich selbst und den eigenen Entscheidungen. Ist es wirklich so verrückt, seinen kompletten Hausstand zu verkaufen und konsequent auszuwandern ? Oder zu sagen: „. . .in den nächsten 3 Monaten schreibe und veröffentliche ich 7 Bücher. . .", „. . .in 8 Wochen wiege ich 25 Kilo weniger. . .", oder auch seinem Freund mitzuteilen: „In 6 Monaten kaufe ich mir einen Lamborghini". Nein, das ist es nicht. Jede einzelne Aussage bestätigt lediglich ein persönliches Ziel. Und übrigens, jede dieser Aussagen wurde tatsächlich gemacht im Bekanntenkreis – und jede wurde vollständig erfüllt. Wenn Sie wirklich wollen, dann erreichen Sie alles, was Sie wollen – Springen Sie mal über Ihren Schatten.

11. Haarscharf daneben ist auch vorbei

Fehler und Mißerfolge auf dem Weg zum persönlichen Erfolg sind so unvermeidlich wie der nächtliche Schlaf. Sie werden geschehen, niemand ist gefeit davor. Das ist nicht schlimm, denn richtig genutzt sind Fehler sogar wertvoll. Weil nur sie es gestatten, zu lernen. Die wichtigste Voraussetzung, um aus Fehlern lernen zu können, ist: Sich selbst die eigenen Fehler einzugestehen. Niemand ist unfehlbar. Auch Sie nicht. Wer Probleme hat sich selbst zuzugeben: „. . .was hast Du denn da für einen Unsinn gemacht/gesagt/überlegt. . .", der ist nicht lernfähig und damit nicht adaptionsfähig. Er wird wahrscheinlich keinen Anschluß an sein Umfeld und an den Markt finden.

Sie aber wollen sich ein Ziel setzen. Dann sind auch nur Sie dafür verantwortlich, dieses Ziel zu erreichen. Daraus folgt, das Andere NIE schuld sind. Deshalb sollten Sie in der Lage sein, Fehler zu analysieren und sich ehrlich einzugestehen, daß nur Sie daran schuld sind.

Ein Fehler liegt dann vor, wenn das (Zwischen-) Ziel nicht erreicht wurde. Auch wenn es nur knapp daneben ging – es wurde nicht erreicht: Ein Vertrag ist dann unterschrieben, wenn er unterschrieben ist. Nicht, wenn der Vertragspartner ihn „fast" unterschrieben hätte. Oder banaler: Sie haben ihr Zwischenziel, einen 12.00 Uhr Termin, dann erreicht, wenn er um 12.00 beginnt. Und nicht, wenn Sie 10 Minuten später kommen. Das Ziel lautete: 12.00 Uhr, nicht 12.10 Uhr! Diese klein erscheinenden 10 Minuten können Ihren Weg zum Ziel vollständig verbauen: Zustimmung versagt, Vertrag nicht unterschrieben, Auftrag nicht erteilt. Was immer. Das nächste Mal wird die Ausrede nicht das Wetter sein, sondern der Wagen, der nicht ansprang, oder der Anruf oder oder oder. . .

12. Fokus und Ergebniskontrolle

Weiter oben lasen Sie, daß Ihr Ziel ständig im Kopf präsent sein muß. Und genauso ist es. Bleiben Sie jeden Tag konzentriert an Ihrem Ziel und führen Sie ständig eine Ergebniskontrolle durch: Ist das Fax angekommen ? Ist die richtige Qualität eingetroffen ?, aber auch „Sitzt mein Hemd richtig ?" und „Ist ein Tisch reserviert ?"

Ständige Kontrolle ist notwendig, damit notfalls rechtzeitig korrigiert werden kann. Wem Physik nicht wie ein Buch mit sieben Siegeln vorkommt, dem ist vielleicht die sogenannte Entropie ein Begriff. Dabei handelt es sich um ein Maß für die Unordnung in jedem System. Das fundamentale Naturgesetz besagt, daß alles, wirklich alles in der Welt der maximalen **Un**ordnung zustrebt, solange sie sich selbst überlassen bleibt. Es ist niemals und nirgendwo umgekehrt, nämlich, daß sich von selbst und ohne Energieaufwand Ordnung einstellt. Daraus folgt auch für Sie und Ihr Vorhaben, daß sich Ordnung und Korrektheit niemals und in keinem Bereich automatisch einstellt, sondern daß Sie beides nur mit Anstrengung und Aufwand erzeugen können. Und genau das wird Ihre Aufgabe sein.

Die eigenen Tätigkeiten und deren Ergebnisse müssen ständig objektiv beobachtet und analysiert werden. Eigene Fehler müssen erkannt werden. Sie müssen also solche, nämlich als eigene, akzeptiert werden. Sie dürfen keinesfalls vor sich selbst, oder noch schlimmer, vor anderen beschönigt werden. Schließlich müssen sie korrigiert werden, was nichts anderes bedeutet als aus den eigenen Fehlern zu lernen. Nocheinmal, weil es so wichtig ist: Andere sind niemals schuld!

Die Mentalität
erfolgreicher Menschen

1. Gegenwart
– nicht Vergangenheit, nicht Zukunft

Obwohl Ihr Ziel, gleich welches es ist, natürlich in der Zukunft liegt, so wird doch die Strasse dorthin hier und jetzt gebaut. Für das Planen und Erreichen des Ziels zählt der Ist-Zustand (Ihrer Beziehung, Ihrer Finanzen, Ihrer Aufträge, Ihrer Umgebung etc.) alles – der War- und Wird-Zustand zählt gar nichts. Versuchen Sie sämtlichen Irritationen aus dem Weg zu gehen und vermeiden Sie die zwei Standard-Fehler:

zur Vergangenheit: „Weil er/sie irgendwann dieses oder jenes gemacht/gesagt hat, werde ich _____ sagen/machen."

zur Zukunft: „Falls er/sie dieses oder jenes machen/sagen wird, dann werde ich ____ sagen/ machen."

Aktuelle, äußere Wirklichkeiten besitzen den höchsten Reizwert für alle Menschen (Reizwert im Sinn von: Interesse, sich damit in irgendeiner Form zu beschäftigen). Der Umgang mit, und die Reaktionen auf, Realitäten führen Ihre Situation in die Zukunft – im Gegensatz zum „Herumreiten" auf alten Geschichten oder dem Hoffen auf ungewisse zukünftige Entwicklungen.

Zu beachten dabei ist, daß es sich bei den derzeitigen Realitäten keineswegs ausschließlich um „gute" handeln muß: Sie müssen weder lustig, zufrieden oder unbeschwert sein – nur ... Jetzt! Lassen Sie alles Versäumte und alle ungewissen Träume ruhen und arbeiten Sie mit den tatsächlich vorhandenen Möglichkeiten.

2. Risiko und Großzügigkeit
– nicht Berechnung, nicht Absicherung

Lieber wenig erledigen, damit wenig schiefgehen kann ? Das führt Sie nicht weiter. Zum Wesen jeder Entwicklung und jedes Fort-Schrittes gehören (kalkulierte) Risikobereitschaft sowie ein gewisses Maß an Großzügigkeit. Sogar Menschen aus Forschung und Wirtschaft, von Berufs wegen gut vertraut mit diesen Anforderungen, vergessen oder übersehen sie, zum Beispiel in ihrer privaten Partnerschaft.

Fortschreiten lautet Ihr Ziel. Aus dem Begriff folgt ganz wörtlich, das weitere Schritte notwendig sind. Doch leider scheuen Menschen häufig vor einem nächsten Schritt zurück, weil er ins Ungewisse führen könnte. Dies trifft sowohl auf den aktiven Partner (derjenige, der etwas tun/ändern möchte. Sei es nun der private oder der Geschäftspartner.) als auch auf denjenigen zu, der die Änderungen passiv entgegennimmt. Der Rat an Sie lautet deshalb: Gehen Sie ruhigen Schrittes und optimistisch etwas weiter als bisher, bleiben Sie aber behutsam und hören Sie genau zu, was *er* dazu sagt.

Erwartungen, wie er zu reagieren hat, sind hervorragend dazu geeignet, eine negative Atmosphäre zu erzeugen – selbst dann, wenn sie unausgesprochen bleiben. Lassen Sie ihn fühlen und denken, was immer er möchte und bleiben Sie interessiert und aufgeschlossen. Anschließend können Sie als konstruktiver Planer Wege finden, um seine und Ihre Vorstellungen möglichst gut zu verbinden. Falls Ihre Vorschläge dann bedeuten, daß beide ein wenig nachgeben müssen, dann sind Sie auf dem richtigen Weg.

3. Realitäten – nicht Ideale

Ideale und Sehnsüchte sind nicht immer einfach von realen Situationen zu unterscheiden. Ihre Existenzberechtigung besitzen Ideale als *eine* Art der Orientierung im Leben. Ihre Hauptaufgabe liegt allerdings nicht in der Realisierung, und erst recht nicht zu dem Zeitpunkt, an dem sie entstehen oder aus dem Gedankenkämmerlein hervorgerufen werden. Andernfalls könnte etwas passieren wie: „Du bist genau der Mann, den ich mir immer erträumte." „Du täuschst Dich, ich bin Adam."

Zu häufiges Versinken in unrealistischen Träumereien, obwohl der Alltag immer wieder beweist, wie unmöglich die eigenen Gedanken zu verwirklichen sind – dieses Verhalten führt ohne Selbstkontrolle hin zur *Lieber gut geträumt als normal gelebt*-Mentalität, die, hat sie sich erst einmal im Kopf festgesetzt, nicht einfach wieder zu entfernen ist. Daß unter solchen Bedingungen Erfolge – ganz gleich welcher Art übrigens – nur schwierig zu erreichen sind, ist leicht zu sehen.

Besser ist es, die eigenen Ideale einem Wirklichkeitstest zu unterwerfen. Und zwar zunächst darauf, ob es sich tatsächlich um überzeugende, anstrebenswerte Ideale und nicht vielleicht um kurzfristige, gar von außen eingeimpfte Klischees handelt. Nach dieser Überprüfung werden die verbliebenen, wirklichen Ideale mit einer nicht zu engen Toleranz für das echte, tägliche Leben versehen. Diese beiden Schritte schützen vor häufigen Frustrationen und eröffnen sogar die *realistische* Chance, den eigenen Idealen nahezukommen oder sie gar zu verwirklichen.

4. Kooperation –
nicht Durchsetzung, nicht Flucht

Weil Ko-Operation „gemeinsame Durchführung" heißt, deswegen paßt sie so gut zur Quintessenz aller ausgewogenen, partnerschaftlichen Beziehungen: Gleichberechtigung, die gleiche Berechtigung für beide. Wer durchsetzt, ist stärker. Wer flieht (den Rückzug sucht), ist schwächer. Kooperationen kommen immer dann leicht zustande, wenn Partners Gefühle, Wahrnehmungen und Interessen mit gleichem Stellenwert berücksichtigt werden wie die eigenen. Ihre eigenen Vorstellungen und Wünsche weder höher noch niedriger zu bewerten als die des Partners ist also die Voraussetzung dafür, das Gemeinsames gelingen kann. Um diese Gemeinsamkeit herzustellen sollten Sie *nicht:*

- sich kleinmachen und/oder sich aufgeben

- dominieren

- fluchtartig das „Feld" verlassen

- sich unsichtbar und unhörbar machen

Bestimmt ist Ihnen aufgefallen, daß hier <u>nicht</u> steht:

- Keine eigenen Positionen vertreten

- Keine eigenen Vorschläge machen

- Nur eigene Wünsche zulassen, die garantiert keinen Konflikt erzeugen

5. Vertrauen – nicht Mißtrauen

Sicher beobachten Sie sich manchmal selbst. Gehören Sie zu denjenigen Menschen, die häufig Ablehnungen aller Art im Tagesablauf vermuten ? Ein guter Indikator dafür ist, wenn Sie sich an Gedanken wie „Warum bloß immer ich ?" und ähnliches erinnern können. Wer dieses Verhalten an sich erkennt und reflektieren kann, der ist in der Lage, sein Leben positiv zu verändern.

Wer es schafft, seine Grundeinstellung etwas mehr auf „Es könnte etwas Schönes passieren." auszurichten anstatt auf „Hoffentlich passiert nicht schon wieder so ein Mist!", dessen Mitmenschen werden diese Ausstrahlung registrieren und positiv reagieren. „Geld kommt zu Geld" heißt einer der Sätze über finanziell erfolgreiche Menschen. „Glück kommt zu Glück" heißt derjenige für Menschen mit der „Halbvoll"-Überzeugung: Es macht mehr Freude, eine Flasche Wein als „Gut, halb voll!" anstatt als „Schade, halb leer!" zu betrachten. Warum sollte nicht die schönere Variante gewählt werden ? Wahr sind doch beide.

Vertrauen Sie in die Zukunft, und werden Sie noch etwas optimistischer. Nicht dem blinden, aber dem realistischen Optimismus kann sich häufig mehr angenähert werden. Sehen Sie das Bessere und Vorteilhafte im Alltag, anstatt sich mit den weniger vorteilhaften Dingen allzulange aufzuhalten. Es entsteht zwar kein Glück dadurch, daß Unglück fehlt, doch Glückes ausgleichende Wirkung hilft recht effektiv, Alltagsfrust und Alltagsärger leichter zu nehmen.

6. Erwartungen – realistisch belassen

Bei Vergleichen zwischen Menschen und Computern fällt unter anderem ein großer Unterschied auf: Die Siliziummaschine „sieht" beispielsweise in der Zahl 1.000.000 nichts weiter als die bloße Ziffernfolge. Menschen dagegen denken sofort an die Lottomillion, an unendlich viele Glitzerpunkte am Sternenhimmel und vieles andere. Selbst zu trivialen Alltäglichkeiten werden rasch Assoziationen und Erwartungen aufgebaut. Zu rasch – denn oft existiert objektiv betrachtet keinerlei Anlaß für irgendeine Erwartung. Daraus folgt, das *viele* Menschen *oft* falsche Erwartungen hegen.

Hohe positive Erwartungen: Die Wahrscheinlichkeit, daß Enttäuschung, Frustration und Streß erlebt werden ist relativ hoch und vergrößert sich noch, falls der Partner die gleiche Einstellung hat. Auch Menschen, die durch extremes „konsequent positiv Denken" das Schicksal überrumpeln wollen, begehen den Fehler der überhöhten Erwartungen: „Heute treffe ich die Frau meines Lebens!" besitzt die gleiche (Un-) Qualität wie „Heute gewinne ich im Kasino!"

Hohe negative Erwartungen: Diese Haltung nehmen Menschen ein, die Enttäuschungen vermeiden wollen. Häufig wird dabei aus dem Selbstversuch der *Be*hütung die kontraproduktive *Ver*hütung: Die Gefahr, am Glück vorüber zu gehen wächst, weil Resignation und Skepsis „siegten". Das ist bedauerlich, denn ebenso wie Ent-Wässerung „das Wasser entfernen" bedeutet, so bedeutet Ent-Täuschung „die Täuschung entfernen", ist also im Grunde wünschenswerte Aufklärung.

7. Nie unterschätzen
– Die Macht der eigenen Gedanken

... über Ihren Körper. Denn Sie selbst kontrollieren „lediglich" die Gedanken. Diese Gedanken aber herrschen über Ihren Körper: Um beispielsweise zum Schrank zu gehen, denken Sie nicht „Setze das linke Bein einen Schritt nach vorn, dann das andere usw." Sie denken „Ich will jetzt zum Schrank gehen." Denn „Rest" erledigt das Gehirn ohne Ihr bewußtes Zutun. Ganz ähnlich verhält es sich mit Ihrer inneren Verfassung und den daraus folgenden äußeren Wirkungen wie Betonung und Körpersprache.

Ängstliche Gedanken beispielsweise äußern sich in einem Gesichtsausdruck, der dem Gegenüber signalisiert: „Du bist gefährlich, ich traue dir nicht." Ihr Gesicht wird ohne bewußtes Zutun (!) Mißtrauen und Abweisung ausstrahlen. **Tricky thoughts** wie „Was sag´ ich bloß, damit er sich interessiert...", „Hoffentlich sag´ ich nichts Falsches..." etc. gehen in die gleiche Richtung. Sie lassen sich teilweise als „Ich will nicht, daß Du denkst und fühlst wie Du möchtest." interpretieren. Im Gesicht des Denkers wird oft unbewußt „Verschlagenheit" erkannt, was beim Gegenüber natürlich wenig Vertrauen hervorruft. **Negative Gedanken** wie „Das klappt sowieso wieder nicht" , „Mir fällt nichts ein" usw. erzeugen tendenziell ein jämmerliches Gesicht. Wer darauf spekuliert, daß seine Mitmenschen dem heiligen Samaritertum verpflichtet sind: Eine vielversprechende Taktik. Alle anderen sollten einmal daran denken, wie sie selbst auf einen Menschen reagieren, der permanent bemitleidet werden möchte ...

8. Begehrlichkeiten – wecken

Begehrlichkeiten und Begierden von Menschen werden geweckt, indem

- *zum passenden Zeitpunkt* (Eiscreme-Werbung an kalten Wintertagen ist eher selten)
- *die Möglichkeit der Stillung von latent vorhandenen Verlangen* (ein zumindest unbewußtes Grundinteresse muß vorhanden sein)
- *angedeutet wird* (Reizwäsche legt Reize nie offen, sondern deutet lediglich an).

Es müssen also offene und/oder versteckte Wünsche des Gegenübers bekannt sein. Das Thema Sex und die weibliche Verführung nimmt nur deshalb allgemein großen Raum ein, weil nahezu jeder Mann dieser Welt das einprogrammierte starke Verlangen danach besitzt.

Doch es gibt viele weitere Betätigungsmöglichkeiten auf dem Feld der Begehrlichkeiten: Das Stillen von Hunger, das Verlangen nach Fortpflanzung (nicht Sex, sondern Kinderwunsch) und das Verlangen nach Anerkennung sind Beispiele allgemeiner Triebe, während zum Beispiel Hobbies zu den individuellen, persönlichen Interessen gehören – wobei sich Hobbies allerdings oft aus dem Verlangen nach Anerkennung definieren: Man möchte besonders gut sein und gelobt werden.

Jedem Menschen fallen zahlreiche individuelle Begehrlichkeiten seiner Mitmenschen ein. Und wenn doch nicht ? Dann sollten Sie schnellstens genauer hinschauen und hinhören.

9. Falschen Stolz – vermeiden

Wer kennt diese Gedanken nicht: „Das hab´ ich doch nicht nötig!" „Was bildet der sich ein!" „Wo kommen wir denn da hin!" Immer handelt es sich dabei um eine von Denker gefühlte Ehr- oder Idealverletzung. In die gleiche Gedanken-Kategorie gehören:

- „Er soll bloß nicht denken, ich laufe ihm nach."
- „Ausnutzen lasse ich mich nicht."
- „Wer etwas will, soll kommen."

Diese Art der Selbstplazierung ist häufig tückisch, da sie vollständig blockierend für jede weitere vernünftige Kommunikation wirkt. Zu allen unangebrachten Gelegenheiten sollte solches Denken unbedingt vermieden werden. Doch wann ist es unangebracht ? Immer dann, wenn der Denker damit *weniger* als seine *allerhöchsten* Lebensideale und -prinzipien schützt.

Vorteilhaft an solchen Situationen ist, daß Sie selbst entscheiden können, wieviel Sinn es macht, sich wegen einer tatsächlichen oder vermeintlichen Ungerechtigkeit auf eine Konfrontation einzulassen:

Ist es Samstag nachmittags klug, wegen des Abwaschs („Kommt nicht in Frage. Du bist dran!") den schönen Abend aufs Spiel zu setzen ? Oder den guten Kunden wegen einer kleinen billigen Schraube zu verprellen ? Wer einlenken kann und bei kommender Gelegenheit für gerechten Ausgleich sorgt, der erntet bei vernünftigen Menschen neben Akzeptanz oft auch Achtung und Vertrauen.

10. Wenn Änderungen
– dann nur zum Positiven

Viele Menschen besitzen einen inneren Drang zu Konstanz. Sie fühlen sich dann wohl, wenn sie wissen was sie erwartet: Am Arbeitsplatz, in der Wohnung, beim Partner. Das Vertrauen darauf, nicht ständig auf unbekanntes Terrain zu geraten, ist ein starkes menschliches Verlangen: Hören Sie nur einmal zu, wie viele Menschen stolz erzählen, daß sie bereits zum 17. Mal im gleichen Urlaubshotel waren!

Seien Sie daher Ihren Partnern ein zuverlässiger Anker in einer sich ohnehin ständig verändernden Welt: Von Ihnen initiierte Änderungen am gemeinschaftlichen Umfeld, an Ihrer Person usw. sollten möglichst positiv sein. Natürlich glaubt das jeder von seinen Ideen und Vorstellungen. Aber sieht das auch Ihr Partner so ? Er sollte so selten wie möglich Grund haben zu denken: „Als wir uns kennenlernten, hätte er das so nicht gemacht.", „Das erste Mal klappte die Lieferung besser." usw.

Falls Sie aktiv ihren Typ oder die gemeinsame Umgebung verändern möchten (z. B. Kleidungsstil, Frisur, Liefer- und Zahlungsbedingungen etc.) oder wenn Sie eine ungewollte Veränderung bemerken (z. B. schlechtere Qualität vom Lieferanten): Versuchen Sie ausschließlich positive Änderungen zuzulassen. Vermeiden Sie Änderungen zum Negativen und diejenigen, die den Verdacht dazu erregen. Sie müssen nicht klüger, reicher, schöner werden. Ihr Unternehmen auch nicht. Lediglich das „weniger" sollte vermieden werden. Besonders kritisch sind kurzfristige Änderungen, weil bei ihnen kaum eine Chance für einen sanften Gewöhnungsprozeß besteht.

11. Verstehen, verstehen – und verstehen

...ist das A und O jeder guten Zusammenarbeit. Je besser sich die Partner verstehen, um so besser gelingt jede Form von gemeinsamen Vorhaben. Dabei bedeutet *Verstehen* nicht *Akzeptieren*. Es bedeutet auch nicht *kritisierend Hinnehmen*. Und sicher bedeutet es nicht *Ja und Amen* zu sagen. Verstehen heißt vielmehr, sich in die Lage und in die Mentalität seines Gegenübers hinein zu versetzen (zu wollen und zu können) und tatsächlich nachvollziehen zu können, weshalb er so oder so reagiert.

Erst mit dem Beherrschen dieser Verstehens-Fähigkeit können Vorschläge und Taktiken entwickelt werden, um zwei unterschiedliche Positionen auf einen für beide akzeptablen Nenner zu bringen. Wenn Sie sich bei Antworten und Reaktionen, die Ihnen nicht so gut gefallen angewöhnen, zunächst zu denken „Weshalb könnte er das so sehen ? Ob es vielleicht an _____ liegt ? Mal fragen..." schlagen Sie mehrere Fliegen mit einer Klappe:

1. Die Kommunikation wird aufrecht erhalten 2. Sie signalisieren Interesse an den Standpunkten Ihres Gegenübers 3. Sie halten ihr eigenes Denken zur jeweiligen Situation flexibel.

Vermeiden sollten Sie unbedingt "Warum will er bloß wieder nicht...nie macht er mir ein Freunde..." und ähnliches. Diese wenig konstruktiven Gedanken stören jede weitere Kommunikation und besitzen großes Potential, aus einer leicht angespannten Situation eine sehr angespannte zu machen.

12. Loben – nicht tadeln

Die Mutter aller Grundlagen des auskömmlichen Miteinanders heißt seit ewigen Zeiten: Extreme Zurückhaltung mit aller Art von Kritik an anderen Personen. Jemanden kritisieren, ganz gleich ob berechtigt oder nicht, ist eine der sichersten Methoden, um in Anspannungen mit dieser Person zu geraten. Niemand will kritisiert werden – nicht einmal dann, wenn er selbst genau weiß, daß es Grund dazu gibt. Obendrein ist Kritik auch ein wenig geeigneter Motivator: Kritisierte Menschen zeigen schnell Desinteresse und wenden sich innerlich oder äußerlich ab.

Wenn also aus der Reihe der möglichen Reaktionen *Loben – Schweigen – Kritisieren* das Letztere entfällt, dann bleibt nur Loben und Schweigen übrig. Loben, wann immer möglich, gerade auch bei kleinen Vorkommnissen und vor allem, wann immer es einen *ehrlichen Grund* dafür gibt, gilt als einer der stärksten Human-Motivatoren überhaupt[3].

Im anderen Fall, wenn Ihnen irgend etwas total zuwider läuft und auch mit viel Mühe nicht zu verstehen ist, dann versuchen Sie doch einfach still zu sein. Sagen Sie gar nichts oder wechseln Sie sogar das Thema, falls Ihr Partner partout ihren Kommentar hören möchte. Sie können sicher sein: Er wird merken, daß, und was hier nicht stimmt. Und dabei viel eher zum Überdenken bereit sein als es jede andere Reaktion von Ihnen je erreichen könnte.

---

[3] Bei manchen Anschnall-Kontrollen in den USA erhalten gurttragende Autofahrer als Belohnung McDonalds-Gutscheine von der Polizei!

13. Dankbar sein - nicht meckern

Wahr 1: Als bei Digitalkameras 3 Megapixel das Höchste war, wurde dem Freund einer jahrzehntelangen Freundschaft eine neue 2 Megapixel Kamera geschenkt. So konnte er als verschuldeter, alleinverdienender LKW-Fahrer mit Familie die schönste Zeit mit seinen 2 Töchtern festhalten. Als er das Geschenk ohne besonderen Grund, es war weder Geburtstag noch Weihnachten, erhielt, sagte er nach Öffnen enttäuscht: „Ach, bloß 2 Megapixel. . .“

Wahr 2: Als der vereinsamte Schlossermeister, unter dessen Händen der ehemals florierende Betrieb seines verstorbenen Vaters am Rand der Pleite fuhr und der es geschafft hatte, nahezu keine Freunde und wohlwollende Bekannte mehr sein eigen nennen zu dürfen, einen Weihnachtsgruß per Fax vom letzten Verbliebenen bekam, rief er kurz darauf zurück und beschwerte sich laut und erregt über den Weihnachtsgruß, der ihm zu dunkel und langsam aus seiner Maschine lief.

Leicht ist zu sehen, daß solch undankbares, manche mögen sagen unverschämtes, Verhalten über kurz oder lang den persönlichen Ruin bedeutet. Das genaue Gegenteil von persönlichem Erfolg. So war es auch in diesen beiden Fällen. Lernen Sie deshalb wieder, öfters Danke zu denken, dann auszusprechen, und es auch wirklich zu meinen. Wenn Sie schon zu den glücklichen Menschen gehören, an die gedacht wird, und die sogar eine (wie immer geartete) Leistung ohne Gegenleistung erhalten, dann sollten Sie sich nicht nur darüber freuen: Es ist der Zeitpunkt der Reflektion.

14. Was Andere – nicht mögen

So viele verschiedene Menschen – und dennoch existieren Gemeinsamkeiten. Bestimmte Verhaltensweisen werden von nahezu jedem als unsympathisch oder negativ empfunden. Dazu gehören:

Ungefragte Begründungen: Diese wirken grundsätzlich verdächtig und negativ: „. . .ich meine, wenn ich es Dir jetzt nicht sage, werde ich mich nachher furchtbar ärgern. . .bla. . .bla. . .bla. . .Kommst Du heute nacht mit zu mir ?" Besser direkt und schnörkellos: "Möchtest Du heute Nacht bei mir bleiben ?" *Erzählen ohne sich zu fragen,* ob sein Gegenüber interessiert ist: Gespräche über Strickmuster oder über die neue Diät Ihrer Freundin treiben ihn schnell vor seinen Computer oder in die Stammkneipe. *Streiten um des Behauptens Willen:* Streitereien, die meist mit wiederholten und lautstarken „Nein!-Doch! Argumenten" enden. *Nach dem Munde reden:* „Ja mein Schatz, du hast ganz recht". Wer's zum zehnten Mal in Folge hört, flippt aus. *Die Mitleidstour,* auch *„fishing for compliments":* Von eigenen Problemen erzählen, um indirekt den anderen zu gewinnen. Damit wird dem Partner unter Umständen die ungewollte Rolle des „Ersatztherapeuten" aufgezwungen: „Du bist doch gar nicht dick." *Selbstzweifel durch Kritik an Dritten loswerden:* Nicht selten werden diejenigen Eigenschaften an Anderen kritisiert, die an sich selbst abgelehnt werden. Überhaupt wird Kritik an Dritten selten gern gehört. Die Folgerung aus allen Punkten: Der Notwendigkeit zur totalen Ehrlichkeit vor sich selbst ist nicht zu entfliehen.

15. Mit erfolgreichen Menschen

Input, also die Anregung von außen, ist stets vorteilhaft, weil nur die wenigsten von uns wirklich rund um die Uhr nur so vor neuen Ideen, Lösungsmöglichkeiten und Motivation sprühen. Eine kreative, weithorizontige, nicht bremsende, sondern ermunternde Atmosphäre im Tagesablauf ist wichtig. Sind solche Bedingungen üblicherweise erfüllt im Kreis von erfolglosen Menschen? Nein, das sind sie nicht. Dort gärt häufig Mißmut, Frustration, Neid und oft auch Minderbildung sowie eine gleichgültige, wenn nicht sogar destruktive Mentalität. In solchen Kreisen können Sie weder Zuspruch, noch Aufbau, noch weiterbringende Informationen oder Kontakte erwarten – alles Gift für Ihr Ziel.

Deshalb lautet der Rat: Umgeben Sie sich möglichst oft mit möglichst vielen erfolgreichen Menschen. Seien Sie nicht neidisch, wenn es jemandem besser geht als Ihnen, sondern lernen Sie von ihm oder ihr, wie auch Sie es schaffen können. Hören Sie zu, lassen Sie sich etwas sagen, und merken Sie sich auch die Dinge, die Ihnen vielleicht komisch oder verrückt vorkommen. In den USA sah ich einmal ein sehr kluges Schild in einem Schaufenster. Dem ist nicht viel hinzuzufügen:

> **Große Menschen sprechen über Ideen.**
>
> **Normale Menschen sprechen über Dinge.**
>
> **Kleine Menschen sprechen über andere Menschen.**

16. Vertrauen ist – Verschwiegenheit

Was genau ist notwendig, um sich in Sicherheit zu fühlen, sich ihrer erfreuen und ein allgemeines Gefühl der Geborgenheit erfahren zu können ? Dazu ist Vertrauen notwenig. Vertrauen bedeutet unter anderem, daß in stiller oder bewußt besprochener Übereinstimmung mit Ihrem Partner eine feste Grenze existiert, jenseits derer keine Interna über die private oder geschäftliche Beziehung nach außen dringen. Zu niemandem. Als Themen, die oft eine gewisse Sensibilität berühren, fallen zum Beispiel das Sexleben, die finanzielle Situation oder private Ungewöhnlichkeiten ein.

Eine dritte Person, und sei es die eigenen Ehefrau, in alles, in wirklich alles einzuweihen und mit ihr zu diskutieren, kann sich sehr negativ auswirken: Falls Ihr/e Partner einen Vertrauensbruch empfindet, wenn er sich entweder lächerlich gemacht oder preisgegeben fühlt, weil persönliche Tabuthemen nicht die vermutete Verschwiegenheit genießen – selbst die besten Freunde/innen verplappern sich manchmal – und er zufällig von diesen Indiskretionen erfährt, dann ist das Vertrauen in Sie erschüttert.

Seien Sie sich über diejenigen Dinge bewußt, die Ihr Partner nicht nach außen getragen haben möchte und seien Sie ihr/ihm ein zuverlässiger und konsequenter „Geheimnisträger". Ein hohes Maß an Vertrauen ist Grundvoraussetzung für jede Beziehung, sei sie privater oder geschäftlicher Natur.

Non-Mainstream „Prüfung"

<u>Erfolg haben heißt u. a.:</u>

**Anders sein und anders denken
als der Durchschnitt, und**

**kritisch überprüfen,
ob der „Mainstream" wirklich Recht hat.**

Es folgen Gelegenheiten zu überprüfen,
wie aufgeschlossen Ihr Denken ist:
Wahre Darstellungen zu alltäglichen Themen,
von denen Sie vielleicht noch nie etwas gehört haben.

Scientology extrem:
Die gefährliche Sekte des Umwelt-Götzen

Sehr viele Maßnahmen sollen Energie sparen, weil „Energie sparen" angeblich gut und erstrebenswert sei. Kaum jemand fragt: Warum eigentlich ? Was soll daran gut sein ? Übliche Argumente wie „Öl geht aus[4], CO_2-Belastung usw." sind meist nicht abschließend plausibel und können durchaus als Ablenkung und Manipulation interpretiert werden, um dem Volk den Horizont zu entziehen. Denn bereits heute ist es so:

* Fast hörig werden immer weitere Einbußen der eigenen Lebensqualität[5] durch den Staat akzeptiert, die als Opfer für eine „gute Welt" gesehen werden.
* Technische „Wunder" (Windkraft, Bahnfahren) werden als gegeben hingenommen und ehrfurchtsvoll diskutiert – überprüft aber wird nichts.
* Tief Gläubige lesen in (technischen) Bibeln fasziniert von Märchen, die sie für wahr halten – und sich daran festhalten (Wasserstoff, Solar etc.).

---

[4] Erdöl ist weit mehr vorhanden als behauptet wird: In Alberta (Kanada) zum Beispiel befindet sich ein Ölfeld, das allein (!) den derzeitigen Weltölverbrauch für die nächsten 100 Jahre (!) decken kann (*Spiegel* und andere). Und der Titan, ein Mond des Saturn, besitzt riesige Benzin- und Dieselmeere (ESA, Raumsonde Cassini, 2008), viele hundertfach größer als alle Erdvorräte zusammen genommen ! Komischerweise ohne aus- und abgestorbene Dinos und Urwälder. . .

[5] Und so perfekt funktioniert diese Manipulation: Die gleichen Menschen, die bei Erfordernissen wie „2 % Lohneinbusse" oder „30 Minuten längere Arbeitszeit" sprichwörtlich auf die Barrikaden gehen – nehmen weit größere Einkommens-Verluste als 2 % durch Energiesteuern klaglos hin, und finden nichts bei staatlichen Zwang und Nötigung zu zeitlich längeren Arbeitswegen durch „öffentliche Transportmittel". Im Gegenteil: Diese Verluste werden noch mit Inbrunst „verteidigt"!

- Fragesteller, Kritiker und Ungläubige gelten als Ketzer und werden verschrien und verleumdet, später bestraft.
- Menschen werden fanatisch in ihrem Glauben ohne Wissen, und die fanatischsten Fundamentalisten kommen aus der unteren Schicht.

Die Sekte des Umweltgötzen ist längst entstanden. Und wuchert ähnlich einem flüchtigen Bakterienstamm, der hirnzersetzend sogar die einfachsten Gedanken unterbindet:

Wird dem menschlichen Körper immer weniger Energie zugeführt, dann stirbt er. Erhält er lediglich die zum Überleben erforderliche Mindestmenge, darbt er verwelkt und unfähig dahin. Gleiches gilt für ganze Nationen. Wer aber will sich anmaßen zu wissen, wie groß die richtige Energiemenge für die Weiterentwicklung der globalen Zivilisation ist? Völlig unfundierte Stammtisch-Behauptungen wie „...es wird zuviel verbraucht..", sind als bloße Ideologien weder ihr Papier und erst recht keine Akzeptanz wert, solange nicht gleichzeitig eindeutig belegt werden kann „...so und soviel wäre zuwenig.." Dies aber ist soweit bekannt unmöglich.

Daher könnte das gesamte Konzept „Energiesparen" die gefährlichste Bedrohung der Menschheit überhaupt darstellen. Bei konsequenter, globaler Umsetzung führt Energiesparen möglicherweise zum Niedergang der menschlichen Zivilisation, die nämlich immer nur dann einen Quantensprung nach vorn erlebte, wenn es gelang, eine um Potenzen *größere* Energiemenge zu beherrschen (1. Feuer, 2. domestizierte Tiere, 3. Dampfmaschine usw.). Nach der menschlichen Entwicklungsgeschichte zu urteilen ist „Energiesparen" kontraproduktiv und höchst gefährlich. Auf lange Sicht besitzt „Energiesparen" möglicherweise ein größeres Zivilisations-Vernichtungspotential als eine weltweite nukleare Auseinandersetzung.

Die Trojanische Pferde-Herde

Weshalb diskutiert eigentlich jede deutsche Regierung mit größter Herzenslust die Einkommenssteuersätze und nimmt oder gibt marginale Prozentpunkte ? Nun, dadurch werden die Bürger mit einem Thema beschäftigt, das nahezu jeden interessiert. Aber durch diese Ablenkung wird der Blick versperrt auf die wahren Verhältnisse: 23,2 oder 23,9 % Einkommenssteuer, wen soll das interessieren ? Nimmt doch der deutsche Staat insgesamt 80 % des Einkommens weg! Achtzig Prozent! „Fiskal-Sozialismus" heißt das - nicht nur bei Prof. Dr. Schüller. Die 80 % glauben Sie nicht ? Dann rechnen Sie selbst nach: Einkommenssteuer. Plus Mehrwertsteuer. Plus Mineralölsteuer. Plus Kfz-Steuer. Plus Stromsteuer. Plus Versicherungssteuer. Plus Grundsteuer (auch in Miete enthalten). Plus Hunderte weiterer Steuern, die meisten davon versteckt, damit sie nicht zur Kenntnis genommen werden.[6]

Und damit nicht genug. Weitere hohe Beträge werden den Bürgern ohne jede Gegenleistung weggenommen: Von den Rentenbeiträgen zum Beispiel kassiert der Staat 50 Prozent ersatzlos ein. Falls Sie diese 50 Prozent wieder nicht glauben: In bestimmten Einzelfällen besteht noch die Möglichkeit, sich seine Rentenbeiträge vorzeitig auszahlen zu lassen. Zum Beispiel bei Auswanderung. Eingezahlt wurden natürlich Arbeitnehmeranteil **und** Arbeitgeberanteil[7]. Trotzdem bekommen Sie nur 50 % zurück! Mit

---

[6] Per Bundesgesetz ist es in Deutschland *verboten*, für Endverbraucher die in fast allen Preisen enthaltene Mehrwertsteuer separat und damit bewußt wahrnehmend auszuzeichnen.

[7] Der Arbeitgeberanteil ist kein Geschenk des Arbeitgebers an Sie, sondern er ist selbstverständlich voll in ihren Lohn einkalkuliert: Sie verdienen ihn durch den Einsatz Ihrer Arbeitskraft.

einer Unverschämtheit, die nicht zu überbieten ist, werden 50 Prozent ohne jede Gegenleistung einfach einkassiert. . .

Wer nun denkt, bei diesen Verhältnissen müßte doch wirklich jede weitere denkbare Staats-„Leistung" bezahlt sein, irrt wieder gewaltig: Jeder kennt Ausweis-Austellungs-gebühren, Kfz-Zulassungsgebühren, Kanal- und Abwasser-gebühren, Müllgebühren, GEZ-Gebühren usw. usw. Alles halb- oder ganz-verstaatlicht, alles angeblich nicht bereits mit den enormen obigen Abgaben bezahlt – und alles der Kontrolle des freien Marktes entzogen. Fakt ist: Sie arbeiten von Montag bis Donnerstag (80 %) ausschließlich für den Staat. Nur am Freitag, da dürfen Sie für sich und Ihre Lieben sorgen. Wenn das nicht Sklaverei ist, was ist es dann?

Warum Autos viel grüner als ICE-Züge sind

Die Deutsche Bahn, intensiv unterstützt von der Partei der Grünen behauptet gern und oft, wie umweltfreundlich Bahnfahren im Vergleich zu Autofahren doch sei. Es heißt unter anderem:

1. Bahnfahren ist umweltfreundlicher als Autofahren, weil beim Autofahren sinnlos eine ganze Tonne Stahl und anderes Material für lediglich eine Person verarbeitet und bewegt werden muß.

2. Autos verschmutzen die Umwelt weit mehr als die Bahn, weil mehr Motorleistung und damit Energie verbraucht wird.

Keine einzige involvierte Stelle (. . .angefragt wurde bei der Deutschen Bahn, den Parteibüros der Grünen, SPD und CDU sowie bei Greenpeace) wollte Belege für diese Behauptungen liefern. Die eigene Recherche ergab folgende technische Daten für einen modernen ICE-Zug: Gewicht: 460 Tonnen, Antriebsleistung: 9.600 kW, Sitzplätze: 404 (Quelle: Deutsche Bundesbahn Direktion, Technische Abt., Frankfurt/Main, März 2001).

Mit diesen Daten ergibt sich die untenstehende Tabelle zur bewegten Fahrzeugmasse je Fahrgast. Überraschenderweise, oder vielleicht auch nicht, ist die Bahn der wirkliche Umweltfeind. Unter dem Gesichtspunkt der bewegten Fahrzeugmasse ist Autofahren stets wesentlich umweltfreundlicher als Bahnfahren. Selbst im für die Bahn günstigsten Vergleich „Vollbesetzter Zug/Einzelperson im Auto" belastet der Zug die Umwelt in größerem Maß als ein Pkw.

VERGLEICH: ICE-2 JG ZU PKW			
Bewegte Fahrzeugmasse je Fahrgast			
Auslastung (%)	ICE, 460 to (kg)	Kleinwagen, 900 kg 4-Sitzer (kg)	Mittelklasse-PKW, 1200 kg 5-Sitzer (kg)
0	Unendlich	0	0
10	11500	---	---
20	5700	---	1200
25	4550	900	---
40	2900	---	600
50	2300	450	---
60	1900	---	400
75	1500	300	---
80	1400	---	300
100	1130	225	240

Auslastung: Die Belegung der vorhandenen Sitzplätze in Prozent. Da der Zug nach Fahrplan immer fahren muß, selbst ohne Fahrgäste, wird bei Auslastung = 0 % das Massenverhältnis unendlich, während es beim Auto 0 beträgt – ohne Fahrer fährt kein Auto.

Interessant dabei ist, daß die Deutsche Bahn auch auf mehrmaliges Nachfragen keine Aussagen zur prozentualen Auslastung ihrer Züge machen wollte. So fragte ich in einer nicht-repräsentativen Umfrage Schaffner und Bahnaufsichten am Hauptbahnhof Frankfurt/Main nach ihrer Einschätzung. Der Durchschnitt ihrer Antworten für die Fahrgast-Auslastung der ICE-Züge beträgt 55 Prozent, was glaubhaft und realistisch erscheint.

In der folgenden Tabelle wird nun der zweiten Behauptung der Umweltfanatiker auf die Finger geschaut. Verglichen werden die Motorleistungen, und damit der Energieverbrauch der ungleichen Fahrzeugarten. Wieder stellt sich der Zug, und nicht das Auto als großer Verschwender heraus: Tatsächlich sollte jeder Bahn-Fahrgast aus Umweltschutz-Gründen am nächsten Bahnhof aussteigen und im Kleinwagen weiterfahren, damit er die Natur nicht durch sein Bahnfahren belastet. Sogar das Ziel einer höheren Zug-Auslastung entbehrt aus Umweltsicht jeder Grundlage: Im Vergleich zum besetzten Auto verschwendet der vollbesetzte Zug zwei bis dreimal (!) soviel Energie und fünf bis sechsmal (!) soviel Material.

VERGLEICH: ICE-Z IG ZU PKW Energieverbrauch e Fahrgast			
Auslastung (%)	ICE 9600 kW (kW)	Kleinwagen 33 kW (kW)	Mittelklasse-PKW 66 kW (kW)
0	9600	0	0
10	240	---	---
20	118	---	66
25	95	33	---
40	60	---	33
50	48	16	---
60	40	---	22
75	32	11	---
80	30	---	16
100	24	8	13

Wird weiterhin in Betracht gezogen, daß Züge grundsätzlich mehr Antriebs-Energie als Autos verbrauchen weil das Masse/Zuladungsverhältnis mindestens fünfmal schlechter ist[8], daß Züge auch leer durch die Gegend fahren müssen um den Fahrplan einzuhalten und daß es zu gigantischen Landschafts-Verschandelungen durch den Schienen- und Stromträgerbau kommt, dann wird Bahnfahren unter Umweltgesichtspunkten möglicherweise untragbar: Entgegen allen Beteuerungen und Ideologien könnte das gesamte Bahnkonzept der größte Umweltfeind im Verkehrsbereich sein.

---

[8] Im Gegensatz zum Auto muß der Zug einen wesentlich größeren Teil seiner Antriebsleistung permanent benutzen, weil seine Eigenmasse im Verhältnis zur Zuladungsmasse viel größer ist. Mit anderen Worten: Auch bei Leerfahrten werden fast alle Zug-PS benötigt. Beim Auto ist dieses Verhältnis wesentlich günstiger – und umweltfreundlicher.

Selbstmörderischer Sport

Essen, ohne erbsenzählerisch auf die Kalorien zu achten, was wäre das schön: Am Grill sitzen. Ohne darüber nachzudenken, wie mühsam der anschließende Sport sein wird. Doch lohnt sich das wirklich: Erst fressen – dann abtrainieren ? Schließlich gibt es ein Sprichwort. »Sport ist Mord« heißt es...

Könnte da was dran sein ? Tatsächlich. Es gibt ernstzunehmende Untersuchungen die nahelegen, daß jedem Mensch nur eine bestimmte Anzahl von Herzschlägen für sein Leben zu Verfügung steht: Sobald diese Zahl erreicht ist, tritt der Tod ein – ähnlich einem leeren Akku, der den Elektromotor stillstehen läßt.

Etwa 2,4 Milliarden Herzschläge sollen das Limit für jedes Menschenleben sein. Erhöht man sich danach also den Puls für eine Minute von 60 auf 120, dann hat man sich die eigene Lebenszeit soeben um eine Minute verkürzt. Geht er gar hoch auf 180, dann wäre das Leben nun 2 Minuten weniger wert.

Daß an dieser FHB-These (fixed heart beats) etwas dran sein könnte, wird aus bestimmten physikalischen und biologischen Tatsachen gefolgert. Und auch die empirischen – also die täglich mit eigenen Augen und Ohren zu erfahrenen Erlebnisse – liefern einige Anhaltspunkte für die Richtigkeit:

Man denke nur einmal an gestreßte Manager und Hochleistungssportler: Wie kommt es, daß viele dieser doch grundverschieden lebenden Menschen – Gemeinsamkeit: regelmäßig hoher Puls – viel zu früh, nämlich in ihren »besten Jahren« an Herzschlag sterben ? Bereits nach der ersten Hälfte ihres Lebens ? Mit der FHB-These lautet die Antwort Der Tod kommt schon nach der Hälfte der Zeit, weil der Puls verdoppelt war.

Wenn solch ein Naturgesetz existiert – weshalb sollte man dann also den eigenen Tod frühzeitig herbeizitieren, indem man seinen Herzschlag freiwillig durch Sport beschleunigt ? Oder, durch Übergewicht ? Nicht einzusehen.

Und nur nebenbei, es bedeutet auch, daß jeder, der im Leben für Aufregung und Ärger sorgt – zum Beispiel also Politiker, Beamte jeder Art und Nachbarn – direkt die eigene Lebenszeit stehlen.

Natürlich ist es trotzdem nicht erstrebenswert, sagen wir, in ein Koma mit sehr langsamen Herzschlag zu fallen. Schließlich sind wir ja zum Leben und Erleben da. Aber wenn schon Herzschläge vom Lebenskonto abgebucht werden, dann doch vielleicht lieber zum Spaßhaben und zur persönlichen Freude – und nicht zu lästigen Anstrengungen und unsinnigem Ärger. . .

Ob Erdöl weiterhin jedes Jahr zur Neige geht ?

Seit Jahrzehnten wird die angebliche Bedrohung einer weltweiten Erdölneige der Bevölkerung mit schöner Regelmäßigkeit nahegebracht. Eine wunderbare Begründung für permanente Steuererhöhungen und dem stetigen Ausbau des Bürokratie- und Kontrollstaates geliefert.

Was spricht der einzig kompetente Ratgeber, die Erde höchstselbst, zum Ölvorkommen ? Im Norden des kanadischen Bundesstaates Alberta, um ein vielfaches größer als Deutschland, befindet sich die weltgrößte Einzellagerstätte von Erdölsanden. Dort lagern auf einer Fläche von der Größe von Holland 400 Milliarden Kubikmeter Erdöl – allein dieses kanadische Einzelvolumen reicht beim heutigen Weltverbrauch für die nächsten 100 Jahre ! Die mit heutiger Technik abbaubaren Mengen sind größer als die gesicherten Ölvorkommen in Saudi-Arabien !

Und andere Fakten sind sogar noch bemerkenswerter: Es wird behauptet, Erdöl sei ein Produkt aus den Verwesungsvorgängen uralter Pflanzen und Tiere. Und deshalb nur endlich, es käme keins mehr nach. Ach ja, wirklich ? Weshalb heißt es dann eigentlich richtig: Mineralöl ? Weshalb werden dann ständig neue und große Ölfelder auf der Erde entdeckt. . .und weshalb ist dann eigentlich der Titan, ein Mond des Saturn, mit riesigen Benzin- und Dieselmeeren (!) bedeckt, die viele hundertmal (!) mehr enthalten als alle Erdenreserven zusammen ? Leben dort etwa so viele Dinosaurier ?

(Quelle u. a.: Europäische Raumfahrtagentur ESA, bestätigt durch Raumsonde Cassini, 2008)

Unsere Bestseller & Neuheiten

Allein gelassen? Die Exliebe wiedergewinnen

Wenn die Liebe zur Tür hinaus ist und alles nach lebenslangem Novemberwetter ausschaut, dann regiert die Sehnsucht pur: So schön wäre es, wieder von ihm/ihr in den Arm genommen zu werden. Dieser Ratgeber enthält eine ausführliche Schritt-für-Schritt Anleitung für Ihren möglichen Anfang vom Happy-End: Leicht verständlich sind mehrere Psychologieprinzipien zusammengefaßt, um Ihrer Ex-Liebe das „Ex" sanft aus der Hand zu nehmen. 4. Auflage 2010 · 12 x 19 cm · Euro 7,90 · ISBN 978-3-8311-1825-0. Auch in 2 erweiterten Ausgaben erhältlich (siehe nächste Seite).

Die Grundregeln des Erfolgs. So werden Sie erfolg-

reich. Ob in der Partnerschaft, im Beruf, oder beim Kontostand – erfolgreich werden Menschen überall auf der Welt auf ähnliche Weise, weil alle Menschen einer ähnlichen Psychologie folgen. In diesem Ratgeber erfahren Sie die Grundregeln jedes Erfolges. So können Sie ab sofort die richtigen Entscheidungen in Ihrem Leben treffen. Denn es ist Ihres, und Sie haben nur eines. Nur Sie allein bestimmen Ihre Ziele, und ob Sie diese Ziele erreichen. Oder ob Sie sich abbringen, ablenken oder bevormunden lassen. 2010 · 12 x 19 cm · Euro 9,95 · ISBN 978-3-8391-2049-1

Auswandern. Die wichtigsten Schritte

Wer hat nicht schon einmal daran gedacht: In einem anderen Land leben. Entweder regelmäßig für ein paar Monate, oder gleich ganz: Tropisches Meer oder alpine Berge genießen. Freier und freundlicher seine Tage verbringen, vielleicht sogar kostengünstiger. Doch wie geht das überhaupt - auswandern ? In diesem Ratgeber werden die wichtigsten Schritte jeder Auswanderung beschrieben: Was sind die Grundvoraussetzungen ? Wie wird die Abreise und Ankunft geschickt vorbereitet ? Und was müssen die ersten Schritte im Wunschland sein ? 2010 · DIN A5 · Euro 8,95 · ISBN 978-3-8391-2273-0

Allein gelassen ? Die Exliebe wiedergewinnen ...
und zusammenbleiben!

Zusätzlich zur ausführlichen Schritt-für-Schritt Anleitung aus dem bekannten Titel „Allein gelassen ? Die Exliebe wiedergewinnen" enthält dieser Ratgeber genaue Erläuterungen, wie aus Ihrer wiederhergestellten Beziehung eine dauernde Partnerschaft wird: Mehr als 25 konkrete Einzelratschläge zum täglichen Zusammensein unterstützen Sie, ein langes und glückliches Leben zu zweit aufzubauen. 2. Auflage 2009 · 12 x 19 cm · Euro 11,90 · ISBN 978-3-8330-0692-0. Kurzausgabe: **Allein gelassen? Die Exliebe wiedergewinnen...und die 10 wichtigsten Tips zum Zusammenbleiben!** 2008 · Euro 9,90 · ISBN 978-3-8370-6876-4

Deutscher Patentschutz für 40 Euro
Wie Ihre kleinen Ideen & Erfindungen großes Geld verdienen

Irgendwann hat jeder eine gute Produktidee. Doch Gelderfolg stellt sich selten ein, weil wertvolles geistiges Eigentum ungeschützt bleibt: „..Zu kompliziert, zu teuer.." lautet meist die Begründung. Dabei ist echter deutscher Patentschutz bereits für 40 Euro erhältlich: Bis zu 10 Jahre lang, und ohne Anwaltszwang. Hier wird das offizielle Patentamts-Verfahren samt dem einfachen Antrag leichtverständlich vorgestellt. 2. akt. Auflage 2009 · DIN A5 · Euro 7,95 · ISBN 978-3-8334-2638-4. Auch in englischer Sprache erhältlich.

Ein gebrauchtes Auto kaufen
Die wichtigsten Tips & Tricks für Nicht-Techniker

Auf dem Privatmarkt gibt es häufig bessere und günstigere Angebote als beim Händler – wenn man sich nur ein wenig auskennt. Aber wie finden sich die guten Angebote unter den zahlreichen fragwürdigen? Hier erfahren die Leser wichtige Tips & Tricks vom Diplom-Ingenieur und können viel Geld sparen: 1. Welche Anzeigen Sie besser nicht anrufen. 2. Wie Sie geschickt mit dem Verkäufer umgehen. 3. Wie Sie versteckte Mängel entdecken. 2007 · DIN A5 · Euro 7,95 · ISBN 978-3-8334-9079-8

Frauen zum Heiraten verführen

Heiraten – das höchste Ziel einer guten Partnerschaft auf ihrem Weg zur besten. Doch wenn „die Beste von allen" noch nicht so recht überzeugt ist, dann hilft dieser Ratgeber dem modernen Mann: Für zahlreiche Alltagssituationen erfährt der Leser leicht verständliches und einfach anzuwendendes, psychologisches Know-How, um in ihrem Kopf die Hochzeitsgedanken hüpfen zu lassen: So schön kann Zweisamkeit werden. 2010 · 12 x 19 cm · Euro 8,90 · ISBN 978-3-8391-1885-6

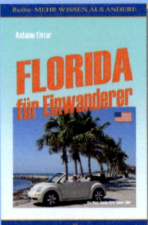

Florida für Einwanderer

Sonne, Palmen und Meer – damit ist für die meisten Menschen Florida, der tropische Bundesstaat der USA, beschrieben. Doch wer hier länger leben möchte als 2 Wochen, wer vielleicht gar Resident sein möchte, dem nutzt das typische Urlaubswissen nur wenig. In diesem Ratgeber wird Florida für Einwanderer beschrieben: Seine Geographie, das Klima, die Wirtschaft und Politik. Danach erfahren Sie alles Nötige über das Wohnen, Arbeiten, die Steuern und vieles mehr aus erster Hand. 2009 · DIN A5 · Euro 9,95 · ISBN 978-3-8370-8866-3

Dick sein – Nein Danke!

Schlank werden und sein – für viele moderne Menschen ein Dauerthema. Dabei ist Abnehmen viel einfacher als die Meisten glauben: Jeder Körper kann auf ein frei gewähltes Wunschgewicht „eingestellt" werden. Leichtverständliche Kenntnisse reichen aus, denn die mächtige MMF-Regel macht es möglich: Schöner, gesünder und sogar kostengünstiger leben, kurz: Endlich glücklich sein. Hier erfahren Sie das Grundgesetz jedes Schlankseins – ohne Kosten zum Sofortstart geeignet. 2010 · 12 x 19 cm · Euro 8,95 · ISBN 978-3-8391-0921-2

Wegziehen in die USA
Das Wichtigste zu Visa, Wohnung, Arbeit, Auto, Finanzen

Die USA sind Top-Einwanderungsziel unserer Erde. Dieser Ratgeber ist die Basis für den ersten Schritt in das Land der unbegrenzten Möglichkeiten. Konkret wird der Leser über die wichtigsten Fragen informiert: Visaarten, Kauf und Miete von Wohnung und Haus, Stellensuche, Selbstständigkeit, Autokauf und Finanzen werden zu einem günstigen Preis nahegebracht. 2002 · DIN A5 · Euro 6,95 · ISBN 978-3-8311-4048-0.

Der richtige Lizenzvertrag für Patent-Inhaber und Erfinder

In „Deutscher Patentschutz für 40 Euro" wird gezeigt, wie das eigene geistige Eigentum zügig und kostengünstig beim Deutschen Patentamt geschützt wird. Doch wie erhält man dann einen Lizenzvertrag? Und was gehört hinein? Hier wird ein echter Vertrag zwischen Erfinder und Produktionsunternehmen Punkt für Punkt vorgestellt und erläutert. So erhalten Sie wertvolle Unterstützung, um bares Geld zu sparen und zu verdienen: Bei Lizenzgebühren, Anwaltsauslagen und durch Erinnerung an Vertragsrisiken, an die nicht jeder denkt. 2009 · DIN A5 · Euro 9,95 · ISBN 978-3-8370-8867-0

► **Tips & Tricks zu GreenCard und B-Visa** Die USA sind Top-Einwanderungsziel unserer Erde. Dieser Ratgeber informiert alle Menschen, die sich zeitweise oder permanent dort niederlassen möchten über die beiden gängigsten Visaformen. Er erklärt die Unterschiede zwischen GreenCard und B1/B2 Visum, und worauf es bei den amerikanischen Behörden bei der Beantragung ankommt. 2000 · DIN A5 · Euro 6,60 · ISBN 978-3-89811-159-1

► **Bevor es zu spät ist. Die Trennung verhindern** Wenn zu spüren ist, daß die Liebe zur Tür hinaus will, dann ist es höchste Zeit zu reagieren. Doch wie können Sie Ihre Beziehung noch retten ? Hier erfahren Sie mehr als 30 wertvolle Tips aus der praktischen Psychologie, damit Ihr Partner seine Trennungsgedanken noch einmal überdenkt. Bevor es zu spät ist, können Sie mithilfe dieses Ratgebers einen fundierten Rettungsversuch für Ihre Beziehung unternehmen. Gleichzeitig legen Sie die Grundsteine für eine lange und glückliche Beziehung – gerade jetzt, wenn es so gar nicht danach ausschaut. 2009 · 12 x 19 cm · Euro 8,95 · ISBN 978-3-8370-8865-6

► **Alltag graut – Yachtbesitz bräunt** „Durchschnitts-Landratte wird Schiffsbesitzer" - wer hat davon noch nicht geträumt? Hier ist der Beweis, daß wirklich jeder Mann und jede Frau ein neues Leben beginnen kann. Spannend und unterhaltsam werden die Erlebnisse eines völlig boots-unerfahrenen Menschen aus Deutschland erzählt – auf seinem Weg zum süßen, unbeschwerten Leben auf der eigenen Yacht in Florida: Ab sofort ist jedes Jahr das beste Jahr. 2000 · 12 x 19 cm · Euro 12,74 · ISBN 978-3-8981-1334-2

► **Amerika: Visa•Wohnen•Arbeiten•Auto•Finanzen** Aufbauend auf „Wegziehen in die USA" liefert dieser Ratgeber noch detailliertere USA-Informationen, die weit über das übliche Urlaubswissen hinausgehen: Visaformen, Hauskauf und Anmietung, Stellensuche, Firmengründung, Autokauf, Führerscheine, Banken und Steuern. 2001 · DIN A4 · Euro 9,95 · ISBN 978-3-8311-1922-6

► **Tipps & Tricks für Autofahrer** Praktisches Auto Know-How spart Geld im Alltag, hilft weiter und macht Spaß – besonders, wenn es sogar manchem Automechaniker unbekannt ist: Hier werden verblüffende Tips & Tricks rund ums Auto vorgestellt, die jeder Mann und jede Frau anwenden kann. So wird das Konto bei Reparaturen und beim Gebrauchtwagenkauf geschont, und der Leser weist sich bei Freunden und Bekannten als gewiefter Fachmann aus. 2004 · DIN A5 · Euro 5,95 · ISBN 978-3-8334-0764-2

► **Hexen heute erkennen** Viele Menschen wissen intuitiv: In unserer Welt existieren Kenntnisse und Fähigkeiten, die den Wissenschaften verborgen bleiben, und von denen nur wenige zu träumen wagen: Wirkliche Hexen sind unter uns. Daß die klugen Zauberinnen, zu unrecht oft als „böse" abgestempelt, heutzutage nicht als alte Frauen mit schwarzer Katze auftreten, ist vielen klar. Doch wie sind sie dann auszumachen? Und sollte man das überhaupt versuchen? 2005 · 12 x 19 cm · Euro 8,90 · ISBN 978-3-8334-3192-0

► **Land in Feindeshand – Deutschland wird sozialistisch** Viele Anzeichen der deutschen und europäischen Politik geben Anlaß zu Sorge: Um die persönliche Freiheit, um persönliches Eigentum und um die kommende Generation. Zeichen totalitärer Prinzipien und Denkweisen verstärken sich. Zieht schon wieder der häßliche und latent kriminelle Sozialismus auf? 2003 · 12 x 19 cm · Euro 9,90 · ISBN 978-3-8330-0485-8

► **Tanken für 0,99 (DM)** Für alle Dieselfahrer und an Technik interessierte Menschen: Dieselmotoren sind Mehrstoffmaschinen, die mit verschiedenen Kraftstoffen zuverlässig arbeiten. Wie und wo das eigene Diesel-Fahrzeug mit VEGA 9010, dem günstigen, überall erhältlichen und umweltfreundlichen Spar-Kraftstoff betankt wird, das beschreibt dieser Ratgeber. Ohne Umbaukosten! 2001 · 12 x 19 cm · Euro 9,95 · ISBN 978-3-8311-2173-1

Männer zum Heiraten verführen. 40 Do's & Don'ts

Heiraten – für viele Frauen das romantischste Ziel einer guten Partnerschaft auf ihrem Weg zur besten. Doch falls „der Beste von allen" noch nicht so recht überzeugt ist, oder die Beziehung noch etwas Feinschliff benötigt, dann hilft dieser Ratgeber der modernen Frau. In 40 Einzelpunkten erfährt die Leserin leicht verständliches und einfach anzuwendendes psychologisches Wissen, um in seinem Kopf die Hochzeitsgedanken hüpfen zu lassen. 2003 · 12 x 19 cm · Euro 8,90 · ISBN 978-3-8311-4235-4

Auswandern. Die menschliche Seite.

Hier wird die menschliche, die emotionelle Seite einer Auswanderung geschildert: Warum und wieso eigentlich weg aus Deutschland ? Wie steht der Partner dazu ? Und was wird aus der Beziehung in der Ferne ? Die wahren Erlebnisse eines jungen Paares aus Deutschland – erst ins entfernte Neuseeland, dann in die USA – faszinieren und machen gleichzeitig nachdenklich: Innig liebend zu zweit, plötzlich allein und verlassen, dann zwei neue »Love Birds« in einem neuen, traumhaften Leben: Wer nicht aufgibt, der erreicht seine Ziele. 2010 · 12 x 19 cm · Euro 9,95 · ISBN 978-3-8370-9291-2

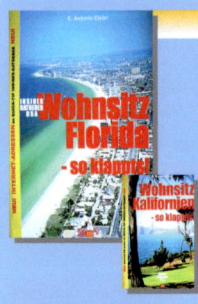

Wohnsitz Florida – so klappts!

Um sich in den USA erfolgreich niederzulassen, sei es zeitweilig oder permanent, ist viel amerikanisches Know-how notwendig. Die Wohnsitz-Ratgeber über Florida und Kalifornien sind umfassende, detaillierte Handbücher zu dem jeweiligen US-Bundesstaat: Visamöglichkeiten, Hauskauf, Autokauf, Steuern, Stellensuche - kurz, das komplette Gewusst-Wie zum Leben genießen in den USA erfährt der Leser aus erster Hand. Ebenso enthalten sind viele ausgewählte Tips, Anschriften und Internetadressen, wie sie nur die Praxis liefern kann. **Florida: 2000 · DIN A5 · Euro 15,29 · ISBN 978-3-89811-216-1 Kalifornien: 2000 · DIN A5 · Euro 15,29 · ISBN 978-3-8981-1332-8**

100 verblüffende Autogeheimnisse

Nur wenige Menschen ahnen, welche verblüffenden Geheimnisse die erfolgreichste Maschine der Erde verbirgt. In diesem Buch wird erstaunliches Auto-Wissen leicht verständlich vorgestellt. Wer sich nicht sicher ist, wieviel PS ein Pferd hat, wie ein Kühler in 5 Minuten selbst repariert wird, ob die „James-Bond-Wende" wirklich funktioniert, daß Autos viel grüner sind als ICE-Züge...und weitere 96 Tatsachen möchte, die üblicherweise Kfz-Ingenieuren vorbehalten bleiben – der erfährt hier weithin unbekannte Eigenschaften unserer Autos. 2002 · DIN A5 · Euro 15,90 · ISBN 978-3-8311-1826-7